書いて覚える！

いちばんやさしい

韓国語
単語ノート

語彙力
アップ 編

著：木内 明

Korean words notebook

永岡書店

contents

本書の使い方

　本書は、「観光」「パソコン・SNS」「日常生活」「エンタメ」の4つのパートで構成されていて、各シチュエーションで使用頻度の高い、名詞を中心とする単語を紹介しています。韓国の音楽を聴くとき、ドラマを見るとき、韓国人とコミュニケーションを取るときに、ぜひ役立ててください。

　また、本書では漢字語と外来語の単語を多く取り上げています。単語のどの部分が漢字・外来語なのかがわかるようになっているので、語彙力を広げるときの助けになるでしょう。

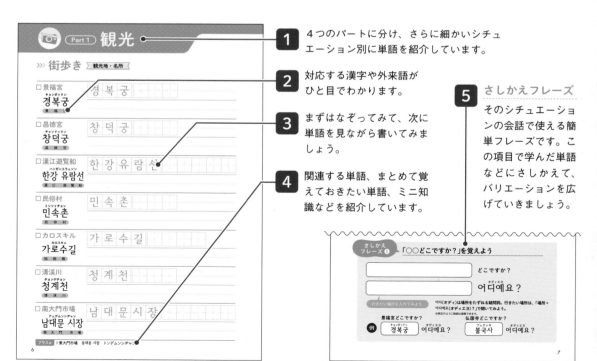

1　4つのパートに分け、さらに細かいシチュエーション別に単語を紹介しています。

2　対応する漢字や外来語がひと目でわかります。

3　まずはなぞってみて、次に単語を見ながら書いてみましょう。

4　関連する単語、まとめて覚えておきたい単語、ミニ知識などを紹介しています。

5　さしかえフレーズ
そのシチュエーションの会話で使える簡単フレーズです。この項目で学んだ単語などにさしかえて、バリエーションを広げていきましょう。

＊ルビはあくまで読み方の目安です。文章になると発音が変化する場合があります。本書では辞書に載っているスペルよりも、現在の韓国で実際に使われているスペルを優先しました。

ハングルの基本

● ハングルの仕組みはローマ字に似ている

「ハングル」とは韓国語の文字のこと。ローマ字のように、子音と母音を組み合わせて文字を作ります。組み合わせのパターンは子音と母音が左右に並ぶ横型と、上下に並ぶ縦型があります。

横型も縦型も、その下にもう1つ子音がつくことがあります。その子音を「パッチム」といいます。

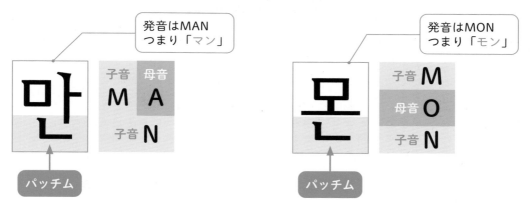

● 語順は日本語と同じ

文の語順は基本的に日本語と同じです。また「僕は」の「は」や、「君を」の「を」のような助詞で文をつなぐことや、その助詞が、会話でしばしば省略されることも日本語と似ています。

また、誰が話しているか明らかな場合、日本語では「僕は」などとは言いません。そんなことまで同じなのです。

漢字語のルール

● 単語の7割は漢字語

韓国の雑誌や看板はすべてハングルで書かれています。でも、実は韓国語の単語の7割は漢字に由来する「漢字語」です。しかも、日本語と同じ漢字の単語もたくさんあります。日本語のように漢字とハングルを混ぜて書くこともできるのですが、あえてハングルだけで表記しているのです。

● 日本語と似ている発音

韓国語の漢字の発音は日本語と似ています。以下の単語のように、日本語の音読みの発音で読むとそのまま韓国語として通じる言葉もあります。

キオン
기온
気温

シミン
시민
市民

カグ
가구
家具

チョミリョ
조미료
調味料

● 漢字の発音は1つだけ

日本語の漢字は読み方がたくさんありますよね。「社」という漢字も、「シャ」「ヤシロ」……と、前後の組み合わせによって何通りにも変わります。ところが、韓国語で「社」は사（サ）1つだけ。ほとんどの漢字の読み方は1通りです。

つまり、知っている日本語の単語を韓国語の読み方で読めば、そのまま韓国語になるのです。例えば、「会社員」の「会」「社」「員」を組み替えて、「社会」や「社員」などの単語も覚えることができますし、さらに「日本人」を覚えると、単語数は飛躍的に増えます。「私は日本人です」「私は会社員です」のように、最初に学ぶことの多い2つの言葉からも、たくさんの韓国語の語彙をものにすることができるのです。

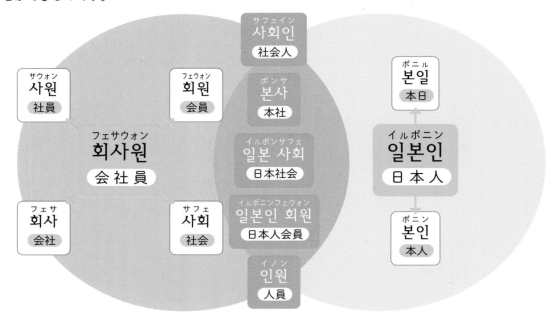

外来語のルール

韓国語にも外来語はたくさんあります。とりわけ英語からの外来語が多いのは日本語と同じです。ところが、同じ英語由来であっても、発音は日本語とは少しずつ異なります。ここでは、外来語の発音のよく耳にする特徴を紹介します。

●Fの音は「パ」行で

「coffee」は커피（コピ）、「family」は패밀리（ペミルリ）のように、fは「パ」行のㅍで発音します。

●最初の文字は濁らない

外来語に限らず、単語の最初の音は濁音になりません。「juice」は주스（チュス）、「ball」は볼（ポル）となります。

●「L＋母音」はㄹが2つ続く

「cola」は콜라（コルラ）、「salad」は샐러드（セルロドゥ）のように、子音のㄹが2つ続きます。

●日本語で「ア行」で伸ばす音は、母音がㅓになる

「hamburger（ハンバーガー）」は햄버거（ヘンボゴ）、「computer（コンピューター）」は、컴퓨터（コムピュト）のように、母音のㅓで表記します。

本書では、このような漢字語や外来語の特徴を学習に取り入れ、楽しく効率よく語彙を増やしてもらおうと思っています。파이팅!（パイティン）「ファイト！」

反切表 ＊ここでは基本母音と基本子音の組み合わせのみを紹介しています。

子音＼母音	ㅏ [a]	ㅑ [ya]	ㅓ [ɔ]	ㅕ [yɔ]	ㅗ [o]	ㅛ [yo]	ㅜ [u]	ㅠ [yu]	ㅡ [ɯ]	ㅣ [i]
ㄱ [k/g]	カ 가	キャ 갸	コ 거	キョ 겨	コ 고	キョ 교	ク 구	キュ 규	ク 그	キ 기
ㄴ [n]	ナ 나	ニャ 냐	ノ 너	ニョ 녀	ノ 노	ニョ 뇨	ヌ 누	ニュ 뉴	ヌ 느	ニ 니
ㄷ [t/d]	タ 다	ティャ 댜	ト 더	ティョ 뎌	ト 도	ティョ 됴	トゥ 두	ティュ 듀	トゥ 드	ティ 디
ㄹ [r/l]	ラ 라	リャ 랴	ロ 러	リョ 려	ロ 로	リョ 료	ル 루	リュ 류	ル 르	リ 리
ㅁ [m]	マ 마	ミャ 먀	モ 머	ミョ 며	モ 모	ミョ 묘	ム 무	ミュ 뮤	ム 므	ミ 미
ㅂ [p/b]	パ 바	ピャ 뱌	ポ 버	ピョ 벼	ポ 보	ピョ 뵤	プ 부	ピュ 뷰	ブ 브	ピ 비
ㅅ [s/ʃ]	サ 사	シャ 샤	ソ 서	ショ 셔	ソ 소	ショ 쇼	ス 수	シュ 슈	ス 스	シ 시
ㅇ [∅]	ア 아	ヤ 야	オ 어	ヨ 여	オ 오	ヨ 요	ウ 우	ユ 유	ウ 으	イ 이
ㅈ [tʃ/dʒ]	チャ 자	チャ 쟈	チョ 저	チョ 져	チョ 조	チョ 죠	チュ 주	チュ 쥬	チュ 즈	チ 지

>>> 街歩き 〔観光地・名所〕

☐ **景福宮**
キョンボックン
경복궁
景 福 宮

경 복 궁

☐ **昌徳宮**
チャンドックン
창덕궁
昌 徳 宮

창 덕 궁

☐ **漢江遊覧船**
ハンガンユラムソン
한강 유람선
漢 江 遊 覧 船

한 강 유 람 선

☐ **民俗村**
ミンソクチョン
민속촌
民 俗 村

민 속 촌

☐ **カロスキル**
カロスキル
가로수길
街 路 樹

가 로 수 길

☐ **清渓川**
チョンゲチョン
청계천
清 渓 川

청 계 천

☐ **南大門市場**
ナムデムンシヂャン
남대문 시장
南 大 門 市 場

남 대 문 시 장

プラスα ▶東大門市場　동대문 시장　トンデムンシヂャン

□ 世界遺産
세계 유산
セゲユサン
世界　遺産

세계유산

□ 北村八景
북촌 팔경
プクチョンパルギョン
北村　八景

북촌팔경

□ 水原華城
수원 화성
スウォンファソン
水原　華城

수원화성

□ 仏国寺
불국사
プルグクサ
仏国寺

불국사

□ 統一展望台
통일 전망대
トンイルヂョンマンデ
統一　展望台

통일전망대

さしかえ
フレーズ❶
「○○どこですか？」を覚えよう

どこですか？

어디예요？
オディエヨ

行きたい場所を入れてみよう

어디（オディ）は場所をたずねる疑問詞。行きたい場所は、「場所＋어디예요（オディエヨ）？」で聞いてみよう。
※例文のように助詞は省略できます。

景福宮どこですか？
例
경복궁 **어디예요？**
キョンボックン　オディエヨ

仏国寺どこですか？
불국사 **어디예요？**
プルグクサ　オディエヨ

☐ ソウル
ソウル
서울

서울

☐ シンチョン
シンチョン
신촌
新 村

신 촌

☐ イテウォン
イテウォン
이태원
梨 泰 院

이 태 원

☐ チョンノ
チョンノ
종로
鍾 路

종 로

☐ ホンデ
ホンデ
홍대
弘 大

홍 대

☐ カンナム
カンナム
강남
江 南

강 남

☐ アックジョン
アプクヂョン
압구정
狎 鴎 亭

압 구 정

☐ ミョンドン
ミョンドン
명동
明 洞

명 동

□ プサン
プサン
부산
釜　山

부산

□ テグ
テグ
대구
大　邱

대구

□ チェジュド
チェヂュド
제주도
済　州　島

제 주 도

□ ピョンチャン
ピョンチャン
평창
平　昌

평 창

□ パンムンジョム
パンムンヂョム
판문점
板　門　店

판 문 점

□ インサドン
インサドン
인사동
仁　寺　洞

인 사 동

□ キョンジュ
キョンヂュ
경주
慶　州

경 주

□ キョンギド
キョンギド
경기도
京　畿　道

경 기 도

プラスα ▶チョルラド　전라도　チョルラド　▶チュンチョンド　충청도　チュンチョンド

□ 旅行会社
ヨヘンサ
여행사
(旅 行 社)

여 행 사 | | | |

□ ツアー
トゥオ
투어
(tour)

투 어 | |

□ 予約
イェヤク
예약
(予 約)

예 약 | |

□ キャンセル
チュィソ
취소
(取 消)

취 소 | |

□ 両替
ファンヂョン
환전
(換 銭)

환 전 | |

□ レート
ファンニュル
환율
(換 率)

환 율 |

□ 航空会社
ハンゴンサ
항공사
(航 空 社)

항 공 사 | | | |

□ インチョン空港
インチョンゴンハン
인천 공항
(仁 川 空 港)

인 천 공 항 | | | |

プラスα ▶ キンポ空港　김포 공항　キムポゴンハン

□ 出発
チュルバル
출발
出　発

출 발

□ 到着
トチャク
도착
到　着

도 착

□ 入国審査
イブククシムサ
입국 심사
入　国　審　査

입 국 심 사

□ 税関
セグァン
세관
税　関

세 관

□ 搭乗手続き
タプスンスソク
탑승 수속
搭　乗　手　続

탑 승 수 속

□ 観光案内所
クァングァンアンネソ
관광 안내소
観　光　案　内　所

관 광 안 내 소

□ ロケ地
チャリョンヂ
촬영지
撮　影　地

촬 영 지

□ お土産
ソンムル
선물
膳　物

선 물

□ チェックイン
チェクイン
체크인
check in

체크인

□ チェックアウト
チェクアウッ
체크아웃
check out

체크아웃

□ 宿泊
スクパク
숙박
宿　泊

숙박

□ 送迎
ピゴプ
픽업
pick up

픽업

□ カードキー
カドゥキ
카드키
card key

카드키

□ 朝食
チョシク
조식
朝　食

조식

□ 貴重品
クィヂュンプム
귀중품
貴　重　品

귀중품

□ シングルルーム
シングルルム
싱글 룸
single room

싱글룸

プラスα ▶ ツインルーム　트윈 룸　トゥウィンルム

12

□ Wi-Fi
ワイパイ
와이파이
Wi-Fi

와 이 파 이

□ テレビ
ティブイ
티브이
TV

티 브 이

□ ベッド
チムデ
침대
寝台

침 대

□ クリーニング
セタク
세탁
洗濯

세 탁

□ タオル
スゴン
수건
手巾

수 건

□ バスルーム
ヨクシル
욕실
浴室

욕 실

□ 非常口
ピサング
비상구
非常口

비 상 구

□ トイレ
ファヂャンシル
화장실
化粧室

화 장 실

プラスα ▶ トイレットペーパー 휴지 ヒュヂ

□ パスポート
ヨクォン
여권
旅 券

여 권

□ 航空券
ティケッ
티켓
ticket

티 켓

□ ガイドブック
カイドゥブク
가이드북
guidebook

가 이 드 북

□ 自動翻訳機
チャドンボニョッキ
자동 번역기
自 動 翻 訳 機

자 동 번 역 기

□ 傘
ウサン
우산
雨 傘

우 산

□ お金
トン
돈

돈

□ クレジットカード
シニョンカドゥ
신용 카드
信 用 card

신 용 카 드

□ 携帯電話
ヘンドゥポン
핸드폰
handphone

핸 드 폰

プラスα ▶ スマホ 폰 ポン

□ **財布**
チガプ
지갑
紙　甲

| 지 | 갑 | | |

□ **マスク**
マスク
마스크
mask

| 마 | 스 | 크 | |

□ **常備薬**
サンビヤク
상비약
常　備　薬

| 상 | 비 | 약 | |

□ **充電器**
チュンヂョンギ
충전기
充　電　器

| 충 | 전 | 기 | |

□ **筆記用具**
ピルギドグ
필기도구
筆　記　道　具

| 필 | 기 | 도 | 구 | |

さしかえ フレーズ❷ 「○○です」を覚えよう

| | です。 |

| | エヨ イエヨ |
| | **예요./이에요.** |

旅の持ち物を入れてみよう

単語の最後にパッチムがあるかないかで、あとに続く言葉が変わります。

パッチムなし
マスクです。

パッチムあり
ガイドブックです。

例

マスク
마스크 エヨ **예요.**

カイドゥブ
가이드북 ギエヨ **이에요.**

※単語の最後にパッチムがあるときは、連音化で発音が変わります。

15

□ 飛行機
ビヘンギ
비행기
飛 行 機

비 행 기

□ 旅客船
ヨゲクソン
여객선
旅 客 船

여 객 선

□ 地下鉄
チハチョル
지하철
地 下 鉄

지 하 철

□ 駅
ヨク
역
駅

역

□ 空港鉄道
コンハンチョルト
공항 철도
空 港 鉄 道

공 항 철 도

□ バス
ポス
버스
bus

버 스

□ バス停
チョンニュヂャン
정류장
停 留 場

정 류 장

□ 一般タクシー
イルバンテクシ
일반 택시
一 般 Taxi

일 반 택 시

プラスα ▶模範タクシー　모범 택시　モボムテクシ

□ **自動車**
チャドンチャ
자동차
自　動　車

자　동　차

□ **レンタカー**
レントカ
렌터카
rent-a-car

렌　터　카

□ **自転車**
チャヂョンゴ
자전거
自　転　車

자　전　거

□ **Tマネーカード**
ティモニ
티머니
T-money

티　머　니

□ **指定席**
チヂョンソク
지정석
指　定　席

지　정　석

□ **路線図**
ノソンド
노선도
路　線　図

노　선　도

□ **コインロッカー**
ムルプムボグァナム
물품 보관함
物　品　補　管　函

물　품　보　관　함

□ **国際線**
ククチェソン
국제선
国　際　線

국　제　선

☐ 地図
チド
지도
地　図

지 도

☐ 目的地
モクチョクチ
목적지
目　的　地

목 적 지

☐ 道路
トロ
도로
道　路

도 로

☐ 地下道
チハド
지하도
地　下　道

지 하 도

☐ 横断歩道
フェンダンボド
횡단보도
横　断　歩　道

횡 단 보 도

☐ 交差点
サゴリ
사거리
四

사 거 리

☐ 信号
シノドゥン
신호등
信　号　灯

신 호 등

☐ 右
オルンッチョク
오른쪽

오 른 쪽

□東
トンッチョク
동쪽
東

동 쪽

□西
ソッチョク
서쪽
西

서 쪽

□南
ナムッチョク
남쪽
南

남 쪽

□北
プクッチョク
북쪽
北

북 쪽

□あっち
チョッチョク
저쪽

저 쪽

□こっち
イッチョク
이쪽

이 쪽

□そっち
クッチョク
그쪽

그 쪽

□反対側
パンデピョン
반대편
反 対 便

반 대 편

>>> グルメ 料理

☐ サムギョプサル
サムギョプサル
삼겹살
三

| 삼 | 겹 | 살 | | | |

☐ プデチゲ
ブデッチゲ
부대찌개
部 隊

| 부 | 대 | 찌 | 개 | | | | |

☐ スンドゥブチゲ
スンドゥブッチゲ
순두부찌개
純 豆 腐

| 순 | 두 | 부 | 찌 | 개 | | | |

☐ ビビンバ
ビビムバブ
비빔밥

| 비 | 빔 | 밥 | | | |

☐ 冷麺
ネンミョン
냉면
冷 麺

| 냉 | 면 | | |

☐ プルコギ
プルゴギ
불고기

| 불 | 고 | 기 | | | |

☐ 参鶏湯
サムゲタン
삼계탕
参 鶏 湯

| 삼 | 계 | 탕 | | | |

☐ カルビ
カルビ
갈비

| 갈 | 비 | | |

プラスα ▶タッカルビ 닭갈비 タッカルビ ▶デジカルビ 돼지갈비 トゥェヂカルビ

□ キムチ
キムチ
김치

김치 | | |

□ 刺身
フェ
회
鱠

회 | |

□ 韓定食
ハンヂョンシク
한정식
韓　定　食

한 정 식 | | |

□ かき氷
パッピンス
팥빙수
氷　水

팥 빙 수 | | |

□ 海苔巻き
キムパプ
김밥

김 밥 | |

**さしかえ
フレーズ ❸**　「○○食べたいです」を覚えよう

食べたいです。

モッコ　シポヨ
먹고 싶어요.

料理名を入れてみよう

「食べる」の基本形は먹다（モクタ）。語幹の먹（モク）に「〜したいです」という願望を表す고 싶어요（コ シポヨ）をつけます。

キムチ食べたいです。　　　**かき氷食べたいです。**

例　キムチ **김치**　モッコ シポヨ **먹고 싶어요.**　　パッピンス **팥빙수**　モッコ シポヨ **먹고 싶어요.**

21

□ 食堂
シクタン
식당
食　堂

식 당

□ 焼肉屋
コギッチプ
고깃집

고 깃 집

□ メニュー
メニュパン
메뉴판
menu　板

메 뉴 판

□ 注文
チュムン
주문
注　文

주 문

□ おしぼり
ムルスゴン
물수건
手　巾

물 수 건

□ ライス
コンギパプ
공기밥
空　器

공 기 밥

□ おかず
パンチャン
반찬
飯　饌

반 찬

□ 席
チャリ
자리

자 리

□箸
チョッカラク
젓가락

젓 가 락

□スプーン
スッカラク
숟가락

숟 가 락

□取り皿
アプチョプシ
앞접시

앞 접 시

□持ち帰り
ポヂャン
포장
包 装

포 장

□勘定
ケサン
계산
計 算

계 산

□水
ムル
물

물

□酒
スル
술

술

□麦茶
ポリチャ
보리차
茶

보 리 차

□屋台
ポヂャンマチャ
포장마차
布 帳 馬 車

포 장 마 차

□カフェ
カペ
카페
cafe

카 페

□トッポッキ
トクポッキ
떡볶이

떡 볶 이

□おでん
オデン
오뎅

오 뎅

□ドーナツ
トノッ
도넛
doughnut

도 넛

□フライ
トゥイギム
튀김

튀 김

□腸詰め
スンデ
순대

순 대

□焼酎
ソヂュ
소주
焼 酒

소 주

プラスα ▶ビール 맥주 メクチュ ▶マッコリ 막걸리 マッコルリ

24

□ ホットク
ホットク
호떡

호 떡

□ トースト
トストゥ
토스트
toast

토 스 트

□ ケランパン
ケランッパン
계란빵
鶏 卵

계 란 빵

□ お代わり（リフィル）
リピル
리필
refill

리 필

□ コーヒー
コピ
커피
coffee

커 피

プラスα ▶紅茶 홍차 ホンチャ ▶ジュース 주스 チュス

さしかえ
フレーズ❹ 「○○ください」を覚えよう

[   ] ください。

[   ] 주세요.
デュセヨ

注文したいものを入れてみよう

名詞のあとに주세요（デュセヨ）をつけると、「〜ください」という
丁寧に頼む表現になります。注文や買い物のときに使えます。

ホットクください。

例 호떡 주세요.
ホットク デュセヨ

コーヒーください。

커피 주세요.
コピ デュセヨ

25

>>> ショッピング 〔コスメ〕

☐ 化粧品
ファヂャンプム
화장품
〔化　粧　品〕

화 장 품

☐ 化粧水
スキン
스킨
skin

스 킨

☐ 乳液
ロション
로션
lotion

로 션

☐ BBクリーム
ビビクリム
BB크림
BBcream

B B 크 림

☐ ファンデーション
パウンデイション
파운데이션
foundation

파 운 데 이 션

☐ チーク
ポルトチ
볼터치
touch

볼 터 치

☐ マスカラ
マスカラ
마스카라
mascara

마 스 카 라

☐ アイブロウ
アイブロウ
아이브로우
eyebrow

아 이 브 로 우

プラスα ▶アイライナー　아이라이너　アイライノ　▶アイシャドウ　아이섀도우　アイシェドウ

26

☐ リップスティック
リプスティク
립스틱
lipstick

립 스 틱

☐ クレンジング
クルレンヂョ
클렌저
cleanser

클 렌 저

☐ 日焼け止め
ソンクリム
선크림
sun cream

선 크 림

☐ 香水
ヒャンス
향수
香 水

향 수

☐ マニキュア
メニキュオ
매니큐어
manicure

매 니 큐 어

☐ シートパック
マスクペク
마스크팩
mask pack

마 스 크 팩

☐ 洗顔料
セアンヂェ
세안제
洗 顔 剤

세 안 제

☐ すっぴん
センオル
생얼
生

생 얼

□ Tシャツ
ティショチュ
티셔츠
Tshirt

| 티 | 셔 | 츠 | | | |

□ スカート
チマ
치마

| 치 | 마 | | |

□ ズボン
パヂ
바지

| 바 | 지 | | |

□ ジーンズ
チョンパヂ
청바지
青

| 청 | 바 | 지 | | | |

□ 下着
ソゴッ
속옷

| 속 | 옷 | | |

□ 帽子
モヂャ
모자
帽子

| 모 | 자 | | |

□ マフラー
モクトリ
목도리

| 목 | 도 | 리 | | | |

□ 半袖
パンパル
반팔
半

| 반 | 팔 | | |

プラスα ▶ 長袖　긴팔　キンパル

□ 靴下
ヤンマル
양말
洋　襪

양말

□ 靴
シンバル
신발

신발

□ スニーカー
ウンドンファ
운동화
運　動　靴

운동화

□ フォーマル
チョンヂャン
정장
正　装

정장

□ 韓服
ハンボク
한복
韓　服

한복

□ 試着室
タリシル
탈의실
脱　衣　室

탈의실

□ 男性用
ナムソンニョン
남성용
男　性　用

남성용

□ 女性用
ヨソンニョン
여성용
女　性　用

여성용

□ スーパー
マトゥ
마트
(mart)

마 트

□ 食品売り場
シクプムメヂャン
식품 매장
(食品 売場)

식 품 매 장

□ ラーメン
ラミョン
라면
(拉 麺)

라 면

□ パン
ッパン
빵

빵

□ 野菜
ヤチェ
야채
(野 菜)

야 채

□ 魚
センソン
생선
(生 鮮)

생 선

□ くだもの
クァイル
과일

과 일

□ 調味料
チョミリョ
조미료
(調 味 料)

조 미 료

プラスα ▶塩 소금 ソグム ▶砂糖 설탕 ソルタン

□牛乳
ウユ
우유
牛 乳

우 유

□お菓子
クァヂャ
과자
菓 子

과 자

□日用品
センファルリョンプム
생활용품
生 活 用 品

생 활 용 품

□石鹸
ピヌ
비누

비 누

□歯磨き粉
チヤク
치약
歯 薬

치 약

プラスα ▶歯ブラシ　칫솔　チッソル

さしかえ フレーズ❺　「○○ありますか？」を覚えよう

| | ありますか？ |

| | イッソヨ **있어요 ？** |

買いたいものを入れてみよう

韓国語では「（人が）います」も「（ものが）あります」も있어요（イッソヨ）といいます。※있어요(イッソヨ)は語尾のイントネーションを上げると疑問形になります。

ラーメンありますか？

例　ラミョン **라면**　イッソヨ **있어요 ？**

歯磨き粉ありますか？

チヤク **치약**　イッソヨ **있어요 ？**

☐ 価格
カギョク
가격
価 格

가 격

☐ 割引
ハリン
할인
割 引

할 인

☐ クーポン
クポン
쿠폰
coupon

쿠 폰

☐ 免税
ミョンセ
면세
免 税

면 세

☐ レジ
ケサンデ
계산대
計 算 台

계 산 대

☐ 領収証
ヨンスヂュン
영수증
領 収 証

영 수 증

☐ 日本円
エナ
엔화
円 貨

엔 화

☐ 赤色
ッパルガンセク
빨간색
色

빨 간 색

□綿
ミョン
면
（綿）

면

□おまけ
トム
덤

덤

□営業時間
ヨンオプシガン
영업시간
（営　業　時　間）

영업시간

□定休日
チョンギヒュイル
정기 휴일
（定　期　休　日）

정기휴일

□お釣り
コスルムトン
거스름돈

거스름돈

□現金
ヒョングム
현금
（現　金）

현금

□限定品
ハンヂョンプム
한정품
（限　定　品）

한정품

□Mサイズ
エムサイヂュ
엠 사이즈
（Msize）

엠사이즈

プラスα ▶Sサイズ　에스 사이즈　エスサイヂュ　▶Lサイズ　엘 사이즈　エルサイヂュ

>>> 美容 エステ・マッサージ

☐ エステ
エステテイク
エステティク
esthetic

에스테틱

☐ 美白
ミベク
미백
美 白

미백

☐ よもぎ蒸し
ッスクチム
쑥찜

쑥찜

☐ チムジルバン
ッチムヂルバン
찜질방
房

찜질방

☐ 黄土サウナ
ファントサウナ
황토 사우나
黄 土 sauna

황토사우나

☐ 足浴
チョギョク
족욕
足 浴

족욕

☐ あかすり
ッテミリ
때밀이

때밀이

☐ きゅうりパック
オイペク
오이 팩
pack

오이팩

プラスα ▶泥パック　머드 팩　モドゥペク　▶石膏パック　석고 팩　ソッコペク

34

□ アロママッサージ
アロママサヂ
아로마 마사지
aroma massage

아 로 마 마 사 지

□ 骨盤矯正
コルバンギョヂョン
골반 교정
骨 盤 矯 正

골 반 교 정

□ 美容鍼
ミヨンチム
미용침
美 容 針

미 용 침

□ ナイスバディ
モムッチャン
몸짱

몸 짱

□ 美脚
カクソンミ
각선미
脚 線 美

각 선 미

□ 毛穴
モゴン
모공
毛 孔

모 공

□ 乾燥肌
コンソンピブ
건성 피부
乾 性 皮 膚

건 성 피 부

□ まつエク
ソンヌンッソムニョンヂャン
속눈썹 연장
延 長

속 눈 썹 연 장

□ 皮膚
ビブ
피부
皮　膚

피부

□ 二重あご
イヂュントク
이중턱
二　重

이중턱

□ ほうれい線
パルチャヂュルム
팔자주름
八　字

팔자주름

□ しわ
チュルムサル
주름살

주름살

□ しみ
キミ
기미

기미

□ たるみ
チョヂム
처짐

처짐

□ 角質
カクチル
각질
角　質

각질

□ 美容整形
ソンヒョン
성형
成　形

성형

プラス α　▶プチ整形　쁘띠 성형　ップッティソンヒョン　　▶輪郭整形　윤곽 성형　ユンガクソンヒョン

□ **手術**
ススル
수술
手 術

수 술

□ **二重まぶた**
ッサンッコブル
쌍꺼풀

쌍 꺼 풀

□ **ボトックス**
ボトゥス
보톡스
botox

보 톡 스

□ **コラーゲン**
コルラゲン
콜라겐
collagen

콜 라 겐

□ **豊胸術**
カスムファクテスル
가슴 확대술
拡 大 術

가 슴 확 대 술

□ **リフティング**
リプティン
리프팅
lifting

리 프 팅

□ **脂肪吸引**
チバンフビプ
지방 흡입
脂 肪 吸 入

지 방 흡 입

□ **目尻切開**
トゥイトゥイム
뒤트임

뒤 트 임

□ 旧正月
ソルラル
설날

설 날

□ 入学式
イパクシク
입학식
入 学 式

입 학 식

□ 卒業式
チョロブシク
졸업식
卒 業 式

졸 업 식

□ バレンタインデー
バルレンタインデイ
발렌타인데이
valentine day

발 렌 타 인 데 이

□ ホワイトデー
ファイトゥデイ
화이트데이
white day

화 이 트 데 이

□ 三一節
サミルチョル
삼일절
三 一 節

삼 일 절

□ 顕忠日
ヒョンチュンイル
현충일
顕 忠 日

현 충 일

□ 光復節
クァンボクチョル
광복절
光 復 節

광 복 절

□ **お盆**（中秋）
チュソク
추석
〔秋 夕〕

추 석

□ **ハロウィン**
ハルロウィン
할로원
〔halloween〕

할 로 원

□ **忘年会**
ソンニョネ
송년회
〔送 年 会〕

송 년 회

□ **開天節**
ケチョンヂョル
개천절
〔開 天 節〕

개 천 절

□ **ハングルの日**
ハングルラル
한글날

한 글 날

プラスα ▶開天節（建国記念日）：10月3日　▶ハングルの日：10月9日

さしかえ フレーズ❻　「今日は○○です」を覚えよう

今日は [　　　　　　　　　　] です。

オヌルン
오늘은 [　　　　　　　　　　] エヨ イエヨ
예요/이에요.

行事の名前を入れてみよう → 単語の最後にパッチムがあるかないかで、あとに続く言葉が変わります。

パッチムなし
今日はバレンタインデーです。

パッチムあり
今日は卒業式です。

例　オヌルン
오늘은 バルレンタインデイ
발렌타인데이 エヨ
예요.　オヌルン
오늘은 チョロプシ
졸업식 ギエヨ
이에요.

※単語の最後にパッチムがあるときは、連音化で発音が変わります。

□ 儒教
ユギョ
유교
儒 教

유교

□ 仏教
ブルギョ
불교
仏 教

불교

□ 朝鮮
チョソン
조선
朝 鮮

조선

□ 高麗
コリョ
고려
高 麗

고려

□ 新羅
シルラ
신라
新 羅

신라

□ 百済
ペクチェ
백제
百 済

백제

□ 高句麗
コグリョ
고구려
高 句 麗

고구려

□ 陶磁器
トヂャギ
도자기
陶 磁 器

도자기

プラスα ▶青磁 청자 チョンヂャ ▶白磁 백자 ペクチャ

□国宝
ククポ
국보
国　宝

국 보

□100日の祝い
ペギルヂャンチ
백일잔치
百　日

백 일 잔 치

□1歳の祝い
トルヂャンチ
돌잔치

돌 잔 치

□ひざまずくお辞儀
クンヂョル
큰절

큰 절

□伝統医療
ハンバン
한방
韓　方

한 방

□韓紙
ハンヂ
한지
韓　紙

한 지

□アリラン
アリラン
아리랑

아 리 랑

□パンソリ
パンソリ
판소리

판 소 리

プラスα ▶カヤグム(韓国の伝統的な琴のような楽器)　가야금　カヤグム　▶太鼓　장구　チャング

>>> トラブル 病気・ケガ

□ 病院
ビョンウォン
병원
病 院

병 원

□ 風邪
カムギ
감기
感 気

감 기

□ 熱
ヨル
열
熱

열

□ 咳
キチム
기침

기 침

□ 鼻水
コンムル
콧물

콧 물

□ 悪寒
オハン
오한
悪 寒

오 한

□ 下痢
ソルサ
설사
泄 瀉

설 사

□ 頭痛
トゥトン
두통
頭 痛

두 통

プラスα ▶ 腹痛 복통 ポクトン　▶ 吐き気 구역질 クヨクチル

42

□ 骨折
コルチョル
골절
骨 折

골 절

□ 虫歯
チュンチ
충치
虫 歯

충 치

□ アレルギー
アルレルギ
알레르기
allergie

알 레 르 기

□ インフルエンザ
トッカム
독감
毒 感

독 감

□ 感染症
カミョムチュン
감염증
感 染 症

감 염 증

□ 食中毒
シクチュンドク
식중독
食 中 毒

식 중 독

□ 生理痛
センニトン
생리통
生 理 痛

생 리 통

□ 症状
チュンサン
증상
症 状

증 상

プラスα ▶入院 입원 イブォン ▶麻酔 마취 マチュイ ▶出血 출혈 チュリョル

□体
モム
몸

몸

□頭
モリ
머리

머리

□顔
オルグル
얼굴

얼굴

□首、のど
モク
목

목

□肩
オッケ
어깨

어깨

□お腹
ペ
배

배

□腰
ホリ
허리

허리

□歯
イ
이

이

□ 胃
ウィ
위
胃

위

□ 心臓
シムヂャン
심장
心 臓

심 장

□ 脚
タリ
다리

다 리

□ ひざ
ムルプ
무릎

무 릎

□ 腕
パル
팔

팔

プラスα ▶手 손 ソン ▶指 손가락 ソンカラク ▶関節 관절 クァンヂョル

さしかえ フレーズ❼　「○○、痛いです」を覚えよう

　　　　　　　　　　　　　　　　　、痛いです。

　　　　　　　　　　　　　　　　　アパヨ
　　　　　　　　　　　　　　　아파요.

体の部位を入れてみよう　　「痛い」は아프다（アプダ）。丁寧な表現であるヘヨ体に活用すると아파요
（アパヨ）になります。

頭、痛いです。　　　　　　　胃、痛いです。

モリ　　　アパヨ　　　　　　　　ウィ　　　アパヨ
例 머리 아파요.　　　　위 아파요.

☐ 盗難
トナン
도난
盗 難

도 난

☐ スリ
ソメチギ
소매치기
소매치기

☐ 強盗
カンド
강도
強 盗

강 도

☐ 交通事故
キョトンサゴ
교통사고
交 通 事 故

교 통 사 고

☐ 警察
キョンチャル
경찰
警 察

경 찰

☐ 事件
サコン
사건
事 件

사 건

☐ 通報
シンゴ
신고
申 告

신 고

☐ 詐欺
サギ
사기
詐 欺

사 기

プラスα ▶ぼったくり バガジ パガヂ ▶偽物 がらせ カッチャ

□迷子
ミア
미아
迷児

미아

□故障
コヂャン
고장
故障

고장

□破損
パソン
파손
破損

파손

□欠航
キョラン
결항
欠航

결항

□遅延
チヨン
지연
遅延

지연

□重量オーバー
チュンニャンチョグァ
중량 초과
重量超過

중량초과

□申告漏れ
シンゴヌラク
신고 누락
申告漏落

신고누락

□火事
ファヂェ
화재
火災

화재

プラスα ▶地震 지진 チヂン ▶避難 피난 ピナン

47

>>> パソコン・スマホ ⟩ パソコン ⟨

□ パソコン
컴퓨터
コムピュト
computer

| 컴 | 퓨 | 터 | | | |

□ ノートパソコン
노트북
ノトゥブク
notebook

| 노 | 트 | 북 | | | |

□ キーボード
키보드
キボドゥ
keyboard

| 키 | 보 | 드 | | | |

□ マウス
마우스
マウス
mouse

| 마 | 우 | 스 | | | |

□ クリック
클릭
クルリク
click

| 클 | 릭 | | |

□ 入力
입력
イムニョク
入 力

| 입 | 력 | | |

□ 保存
저장
チョヂャン
貯 蔵

| 저 | 장 | | |

プラスα ▶コピー 복사 ポクサ ▶ペースト 붙여넣기 プチョノキ ▶フォルダ 폴더 ポルド

□ 圧縮
アプチュク
압축
圧　縮

압 축

□ バックアップ
ペゴプ
백업
backup

백 업

□ 設定
ソルチョン
설정
設　定

설 정

□ ゴミ箱
ヒュヂトン
휴지통
休　紙　筒

휴 지 통

□ 印刷
インスェ
인쇄
印　刷

인 쇄

□ 再起動
タシシヂャク
다시 시작
始　作

다 시 시 작

□ 強制終了
カンヂェヂョンニョ
강제 종료
強　制　終　了

강 제 종 료

□ デスクトップ
パタンファミョン
바탕 화면
画　面

바 탕 화 면

プラスα ▶アイコン　아이콘　アイコン　▶壁紙　배경 화면　ペギョンファミョン

□アンドロイド
アンドゥロイドゥ
안드로이드
Android

안드로이드

□アイフォン
アイポン
아이폰
iPhone

아이폰

□電話番号
チョヌァボノ
전화번호
電　話　番　号

전화번호

□ショートメッセージ
ムンチャ
문자
文　字

문자

□メールアドレス
メイルデュソ
메일 주소
mail　　住　所

메일 주소

□着信
チャクシン
착신
着　信

착신

□マナーモード
メノモドゥ
매너 모드
manner mode

매너 모드

□留守電
プデェデュンヂョヌァ
부재중 전화
不　在　中　電　話

부재중 전화

プラスα　▶電波　전파　チョンパ　　▶圏外　통화권 이탈　トンファクォニタル　　▶電源　전원　チョヌォン

50

□ 迷惑メール
スペムメイル
스팸 메일
spam mail

스팸메일

□ アプリ
エプ
앱

앱

□ アップデート
オプテイトゥ
업데이트
update

업데이트

□ インストール
ソルチ
설치
設置

설치

□ ログイン
ログイン
로그인
log in

로그인

□ 機種変
キビョン
기변
機変

기변

□ 顔文字
イモティコン
이모티콘

이모티콘

□ 返信
タプチャン
답장
答状

답장

□ インターネット
イントネッ
인터넷
internet

인 터 넷

□ SNS
エスエンエス
에스엔에스
SNS

에 스 엔 에 스

□ ライン
ライン
라인
LINE

라 인

□ カカオトーク
カカオトゥ
카카오톡
talk

카 카 오 톡

□ インスタグラム
インスタグレム
인스타그램
Instagram

인 스 타 그 램

□ ユーチューブ
ユテュブ
유튜브
YouTube

유 튜 브

□ ツイッター
トゥウィト
트위터
Twitter

트 위 터

□ いいね
チョアヨ
좋아요

좋 아 요

プラスα ▶フォロー 팔로우 パルロウ ▶フォロワー 팔로워 パルロウォ

□ アカウント
ケヂョン
계정
計　定

계 정

□ 動画
トンヨンサン
동영상
動　映　像

동 영 상

□ ダウンロード
タウンロドゥ
다운로드
download

다 운 로 드

□ 誤字（入力ミス）
オタ
오타
誤　打

오 타

□ 検索
コムセク
검색
検　索

검 색

□ シェア
コンユ
공유
共　有

공 유

□ コメント
テックル
댓글

댓 글

□ 接続
チョプソク
접속
接　続

접 속

プラスα　▶更新　갱신　ケンシン　▶削除　삭제　サクチェ

53

Part 3　日常生活

>>> 恋愛・結婚　　出会い・デート

□ 紹介
ソゲティン
소개팅
紹　介

| 소 | 개 | 팅 | | | |

□ 出会い系サイト
レンドムチェティン
랜덤 채팅
random chatting

| 랜 | 덤 | 채 | 팅 | | | |

□ シングル
ソルロ
솔로
solo

| 솔 | 로 | |

□ 片思い
ッチャクサラン
짝사랑

| 짝 | 사 | 랑 | | | |

□ 告白
コベク
고백
告　白

| 고 | 백 | |

□ デート
テイトゥ
데이트
date

| 데 | 이 | 트 | | |

□ 恋愛
ヨネ
연애
恋　愛

| 연 | 애 | |

プラスα　▶社内恋愛　사내연애　サネヨネ　▶遠距離恋愛　장거리연애　チャンゴリヨネ

□ キス
キス
キス
（kiss）

キ ス

□ 恋人
애인
エイン
（愛 人）

애 인

□ 彼氏
ナムヂャチング
남자 친구
（男子 親旧）

남 자 친 구

□ 彼女
ヨヂャチング
여자 친구
（女子 親旧）

여 자 친 구

□ 失恋
シリョン
실연
（失 恋）

실 연

□ 別れ
イビョル
이별
（離 別）

이 별

□ 同性愛
トンソンエ
동성애
（同 性 愛）

동 성 애

□ 不倫
プルリュン
불륜
（不 倫）

불 륜

プラスα ▶三角関係　삼각관계　サムガックァンゲ　▶密会　밀회　ミレ

55

>>> 恋愛・結婚　　結婚

□ プロポーズ
プロポヂュ
プロポズ
propose

프 로 포 즈

□ 見合い
マッソン
맞선

맞 선

□ 婚約
ヤコン
약혼
約　婚

약 혼

□ 結婚
キョロン
결혼
結　婚

결 혼

□ 再婚
チェホン
재혼
再　婚

재 혼

□ デキ婚
ソクトウィバン
속도 위반
速　度　違　反

속 도 위 반

□ 結婚式
キョロンシク
결혼식
結　婚　式

결 혼 식

□ 披露宴
ピロヨン
피로연
披　露　宴

피 로 연

プラスα　▶指輪　반지　パンヂ　▶新郎　신랑　シルラン　▶新婦　신부　シンブ

56

□ 国際結婚
ククチェギョロン
국제 결혼
国 際 結 婚

국 제 결 혼

□ 新婚
シノン
신혼
新 婚

신 혼

□ 同居、同棲
トンゴ
동거
同 居

동 거

□ 妊娠
イムシン
임신
妊 娠

임 신

□ 夫婦げんか
ププッサウム
부부 싸움
夫 婦

부 부 싸 움

□ 浮気
パラム
바람

바 람

□ 倦怠期
クォンテギ
권태기
倦 怠 期

권 태 기

□ 未亡人
ミマンイン
미망인
未 亡 人

미 망 인

プラスα ▶未婚 미혼 ミホン ▶独身 독신 トクシン ▶離婚 이혼 イホン

□わたくし
チョ
저

□わたし／僕
ナ
나

□君／お前
ノ
너

□家族
カヂョク
가족
家　族

□夫
ナムピョン
남편
男　便

□妻
アネ
아내

□お父さん
アッパ
아빠

□お母さん
オムマ
엄마

□ 父母
プモ
부모
父　母

부 모

□ 祖父
ハラボヂ
할아버지

할 아 버 지

□ 祖母
ハルモニ
할머니

할 머 니

□ いとこ
サチョン
사촌
四　寸

사 촌

□ 息子
アドゥル
아들

아 들

□ 娘
ッタル
딸

딸

□ 兄（弟から見て）
ヒョン
형
兄

형

□ 兄（妹から見て）
オッパ
오빠

오 빠

プラスα ▶姉（弟から見て）　누나　ヌナ　　▶姉（妹から見て）　언니　オンニ

□ 株式会社
チュシクェサ
주식회사
株 式 会 社

주 식 회 사

□ 財閥
チェボル
재벌
財 閥

재 벌

□ 企業
キオプ
기업
企 業

기 업

□ 就職
チュィヂク
취직
就 職

취 직

□ 給料
ウォルグプ
월급
月 給

월 급

□ 年俸
ヨンボン
연봉
年 俸

연 봉

□ 社長
サヂャン
사장
社 長

사 장

□ 社員
サウォン
사원
社 員

사 원

プラスα ▶正社員　정사원　チョンサウォン　　▶派遣社員　파견사원　パギョンサウォン

□ 中途採用
キョンニョクチェヨン
경력 채용
経　歴　採　用

경력채용 [　][　][　][　][　]

□ 営業
ヨンオプ
영업
営　業

영업 [　][　]

□ 事務
サム
사무
事　務

사무 [　][　]

□ 勤務
クンム
근무
勤　務

근무 [　][　]

□ 出張
チュルチャン
출장
出　張

출장 [　][　]

□ 残業
ヤグン
야근
夜　勤

야근 [　][　]

□ 倒産
トサン
도산
倒　産

도산 [　][　]

□ リストラ
チョンニヘゴ
정리 해고
整　理　解　雇

정리해고 [　][　][　][　][　]

プラスα ▶定年　정년　チョンニョン　▶失業　실업　シロプ

□ 職業
チゴプ
직업
職　業

직 업

□ 公務員
コンムウォン
공무원
公　務　員

공 무 원

□ 警察官
キョンチャルグァン
경찰관
警　察　官

경 찰 관

□ 消防士
ソバングァン
소방관
消　防　官

소 방 관

□ 会社員
フェサウォン
회사원
会　社　員

회 사 원

□ 運転手
ウンヂョンサ
운전사
運　転　士

운 전 사

□ 実業家
シロプカ
실업가
実　業　家

실 업 가

□ 自営業
チャヨンオプ
자영업
自　営　業

자 영 업

□ 保育士
ポユッキョサ
보육 교사
保育教師

보 육 교 사

□ 記者
キヂャ
기자
記者

기 자

□ 政治家
チョンチガ
정치가
政治家

정 치 가

□ 作家
チャッカ
작가
作家

작 가

□ 俳優
ペウ
배우
俳優

배 우

プラスα ▶歌手 가수 カス ▶バイト 알바 アルバ

さしかえ フレーズ ❽ 「私は○○です」を覚えよう

私は ［　　　　　　］ です。

チョヌン
저는 ［　　　　　　］ 예요./이에요.
エヨ　イエヨ

職業を入れてみよう　単語の最後にパッチムがあるかないかで、あとに続く言葉が変わります。

パッチムなし
私は俳優です。

パッチムあり
私は消防士です。

例 チョヌン **저는** ［ ペウ 배우 ］ エヨ 예요.　チョヌン **저는** ［ ソバングァ 소방관 ］ ニエヨ 이에요.

※単語の最後にパッチムがあるときは、連音化で発音が変わります。

□ 勉強
コンブ
공부
工　夫

공 부

□ 塾
ハグォン
학원
学　院

학 원

□ 入試
イプシ
입시
入　試

입 시

□ 合格
ハプキョク
합격
合　格

합 격

□ 成績
ソンヂョク
성적
成　績

성 적

□ 先生
ソンセンニム
선생님
先　生

선 생 님

□ 制服
キョボク
교복
校　服

교 복

□ 小学校
チョドゥンハッキョ
초등학교
初　等　学　校

초 등 학 교

プラスα ▶中学校　중학교　チュンハッキョ　▶高校　고등학교　コドゥンハッキョ　▶大学　대학교　テハッキョ

□ 教科書
キョグァソ
교과서
（教 科 書）

교 과 서

□ 授業
スオブ
수업
（授 業）

수 업

□ 宿題
スクチェ
숙제
（宿 題）

숙 제

□ 修学旅行
スハンニョヘン
수학여행
（修 学 旅 行）

수 학 여 행

□ 夏休み
ヨルムバンハク
여름 방학
（放 学）

여 름 방 학

□ 出席
チュルソク
출석
（出 席）

출 석

□ 留年
ユグブ
유급
（留 級）

유 급

□ 国語
クゴ
국어
（国 語）

국 어

プラスα ▶算数 산수 サンス ▶体育 체육 チェユク ▶歴史 역사 ヨクサ

□ 野球
야구
_{ヤグ}
야구
野 球

야구

□ サッカー
축구
_{チュック}
축구
蹴 球

축구

□ バレーボール
배구
_{ペグ}
배구
排 球

배구

□ バスケットボール
농구
_{ノング}
농구
籠 球

농구

□ 卓球
탁구
_{タック}
탁구
卓 球

탁구

□ 陸上
육상
_{ユクサン}
육상
陸 上

육상

□ 柔道
유도
_{ユド}
유도
柔 道

유도

□ スケート
스케이트
_{スケイトゥ}
스케이트
skate

스케이트

プラスα ▶フィギュアスケート 피겨 스케이트 ピギョスケイトゥ ▶スキー 스키 スキ

□ ゴルフ
コルプ
골프
（golf）

| 골 | 프 | | |

□ テコンドー
テクォンド
태권도
（跆　拳　道）

| 태 | 권 | 도 | | | |

□ 体操
チェヂョ
체조
（体　操）

| 체 | 조 | | |

□ 水泳
スヨン
수영
（水　泳）

| 수 | 영 | | |

□ オリンピック
オルリムピク
올림픽
（Olympic）

| 올 | 림 | 픽 | | |

□ 試合
キョンギ
경기
（競　技）

| 경 | 기 | | |

□ 得点
トゥクチョム
득점
（得　点）

| 득 | 점 | | |

□ 選手
ソンス
선수
（選　手）

| 선 | 수 | | |

プラスα ▶監督　감독　カムドク　▶審判　심판　シムパン

☐ 趣味
チュイミ
취미
趣　味

취미

☐ 楽器演奏
アッキ ヨンヂュ
악기 연주
楽　器　演　奏

악기 연주

☐ キャンプ
ケムピン
캠핑
camping

캠핑

☐ お菓子作り
チェグァヂェッパン
제과 제빵
製　菓　製

제 과 제 빵

☐ 将棋
チャンギ
장기
将　棋

장 기

☐ ビリヤード
タング
당구
撞　球

당 구

☐ 手品
マスル
마술
魔　術

마 술

☐ 映画鑑賞
ヨンファガムサン
영화 감상
映　画　鑑　賞

영 화 감 상

プラスα ▶音楽鑑賞　음악 감상　ウマッカムサン　▶絵画鑑賞　회화 감상　フェファガムサン

□ ガーデニング
ウォニェ
원예
園芸

원예 | | |

□ ゲーム
ケイム
게임
game

게임 | | |

□ 天体観測
チョンチェグァンチュク
천체 관측
天体観測

천체관측 | | | |

□ カラオケ
ノレバン
노래방
房

노래방 | | |

□ 読書
トゥソ
독서
読書

독서 | |

プラスα ▶ ミュージカル観劇　뮤지컬 관람　ミュヂコルグァルラム

**さしかえ
フレーズ❾**　「○○好きです」を覚えよう

好きです。

チョアヘヨ
좋아해요.

趣味や楽しみを入れてみよう

「好きだ」は좋아하다（チョアハダ）。丁寧な表現であるヘヨ体に活用すると좋아해요（チョアヘヨ）「好きです」になります。

キャンプ好きです。

例 | ケムピン
캠핑 | チョアヘヨ
좋아해요.

カラオケ好きです。

| ノレバン
노래방 | チョアヘヨ
좋아해요.

□ 英会話
ヨンオフェファ
영어 회화
英 語 会 話

영어회화

□ 中国語
チュングゴ
중국어
中 国 語

중국어

□ ピアノ
ピアノ
피아노
piano

피아노

□ 生け花
ッコッコヂ
꽃꽂이

꽃꽂이

□ 書道
ソイェ
서예
書 芸

서예

□ 茶道
タド
다도
茶 道

다도

□ 乗馬
スンマ
승마
乗 馬

승마

□ ダンス
テンス
댄스
dance

댄스

プラスα ▶社交ダンス 사교댄스 サギョデンス ▶舞踊 무용 ムヨン ▶バレエ 발레 パルレ

□ 写真
サヂン
사진
写　真

사 진

□ ヨガ
ヨガ
요가
yoga

요 가

□ 陶芸
トイェ
도예
陶　芸

도 예

□ 体験レッスン
チェホムレスン
체험 레슨
体　験　lesson

체 험 레 슨

□ ワークショップ
ウォクシャプ
워크샵
workshop

워 크 샵

□ スポーツクラブ
ヘルス
헬스
health

헬 스

□ チケット制
ティケッチェ
티켓제
ticket　制

티 켓 제

□ 受講料
スガンニョ
수강료
受　講　料

수 강 료

プラスα ▶ 入会金　입회금　イプェグム

71

□自然
チャヨン
자연
自　然

자연

□海
パダ
바다

바다

□山
サン
산
山

산

□空
ハヌル
하늘

하늘

□木
ナム
나무

나무

□植物
シンムル
식물
植　物

식물

□葉
イプ
잎

잎

□実
ヨルメ
열매

열매

プラスα ▶種 씨 ッシ

□土
フク
흙

흙

□岩
パウィ
바위

바위

□砂
モレ
모래

모래

□池
ヨンモッ
연못
蓮

연못

□空気
コンギ
공기
空　気

공기

□宇宙
ウヂュ
우주
宇　宙

우주

□地球
チグ
지구
地　球

지구

□星
ピョル
별

별

プラスα ▶星座　별자리　ピョルヂャリ

□天気
ナルッシ
날씨

날 씨

□天気予報
イルギイェボ
일기 예보
日　気　予　報

일 기 예 보

□快晴
ケチョン
쾌청
快　晴

쾌 청

□雪
ヌン
눈

눈

□ひょう
ウバク
우박
雨　雹

우 박

□雷
チョンドゥン
천둥

천 둥

□猛暑
ポギョム
폭염
暴　炎

폭 염

□気温
キオン
기온
気　温

기 온

プラスα ▶低気圧　저기압　チョギアプ　▶高気圧　고기압　コギアプ

□ 湿度
スプト
습도
湿　度

습 도

□ 乾燥
コンヂョ
건조
乾　燥

건 조

□ 氷点下
ヨンハ
영하
零　下

영 하

□ 黄砂
ファンサ
황사
黄　砂

황 사

□ 警報
キョンボ
경보
警　報

경 보

□ 熱帯夜
ヨルテヤ
열대야
熱　帯　夜

열 대 야

□ 降水確率
カンスファンニュル
강수 확률
降　水　確　率

강 수 확 률

□ 晴れのち雨
マルグム　フ　ビ
맑음 후 비
後

맑 음 후 비

プラスα ▶ 晴れ時々曇り　맑음 때때로 흐림　マルグム ッテッテロ フリム　▶ 注意報　주의보　チュイボ

● 漢数詞

0 ヨン 영 零	1 イル 일 一	2 イ 이 二	3 サム 삼 三
4 サ 사 四	5 オ 오 五	6 ユク 육 六	7 チル 칠 七
8 パル 팔 八	9 ク 구 九	10 シプ 십 十	百 ペク 백 百
千 チョン 천 千	万 マン 만 万	億 オク 억 億	

● 漢数詞につく助数詞（単位）

*助数詞によって、漢数詞と固有数詞のどちらを使うかが決まっています。漢数詞は「年月日」「金額」「重さ」「建物の階数」などに使います。

□ 2泊3日
イバクサミル
이박 삼일
二 泊 三 日

이 박 삼 일

□ 16階
シムニュクチュン
십육 층
十 六 層

십 육 층

□ 100万ウォン
ペンマノン
백만 원
百 万

백 만 원

□ 第4回
チェサフェ
제 사 회
第 四 回

제 사 회

□ 30分
サムシップン
삼십 분
三 十 分

삼 십 분

プラスα ▶500m　오백 미터　オベンミト

●固有数詞

ひとつ ハナ 하나	ふたつ トゥル 둘	みっつ セッ 셋	よっつ ネッ 넷
いつつ タソッ 다섯	むっつ ヨソッ 여섯	ななつ イルゴプ 일곱	やっつ ヨドル 여덟
ここのつ アホプ 아홉	とお ヨル 열		

●固有数詞につく助数詞（単位）

＊固有数詞は「年齢」「回数」「人数」「個数」などに使います。

하나（ハナ）「**ひとつ**」둘（トゥル）「**ふたつ**」셋（セッ）「**みっつ**」넷（ネッ）「**よっつ**」は、助数詞がつくと次のように変化します。 하나（ハナ）→한（ハン）、둘（トゥル）→두（トゥ）、셋（セッ）→세（セ）、넷（ネッ）→네（ネ）

□ **1匹**
 ハンマリ
 한 마리

한 마리

□ **2杯**
 トゥヂャン
 두 잔
 盞

두 잔

□ **3回目**
 セボンッチェ
 세 번째
 番

세 번째

□ **4人**
 ネミョン
 네 명
 名

네 명

□ **5時**
 タソッシ
 다섯 시
 時

다섯 시

□カレンダー
タルリョク
달력
暦

　달력

□季節
ケヂョル
계절
季節

　계절

□四季
サゲヂョル
사계절
四季節

　사계절

□春
ポム
봄

　봄

□夏
ヨルム
여름

　여름

□秋
カウル
가을

　가을

□冬
キョウル
겨울

　겨울

□今日
オヌル
오늘

　오늘

プラスα　▶明日　내일　ネイル　▶昨日　어제　オヂェ　▶おととい　그제　クヂェ

□祝日
コンヒュイル
공휴일
公　休　日

공 휴 일

□週末
チュマル
주말
週　末

주 말

□上旬
サンスン
상순
上　旬

상 순

□下旬
ハスン
하순
下　旬

하 순

□月曜日
ウォリョイル
월요일
月　曜　日

월 요 일

□火曜日
ファヨイル
화요일
火　曜　日

화 요 일

□水曜日
スヨイル
수요일
水　曜　日

수 요 일

□木曜日
モギョイル
목요일
木　曜　日

목 요 일

プラスα　▶金曜日　금요일　クミョイル　▶土曜日　토요일　トヨイル　▶日曜日　일요일　イリョイル

□ こんにちは。

アンニョンハセヨ
안녕하세요?

安 寧

안 녕 하 세 요 ?

□ お元気でいらっしゃい
ますか？

コンガンハセヨ
건강하세요?

健 康

건 강 하 세 요 ?

□ ありがとうございます。

カムサハムニダ
감사합니다.

感 謝

감 사 합 니 다 .

□ ごめんなさい。

ミアネヨ
미안해요.

未 安

미 안 해 요 .

□ 申し訳ありませんが

チェソンハンデヨ
죄송한데요

罪 悚

죄 송 한 데 요

□ 失礼ですが
シルレヂマン
실례지만
失礼

| 실 | 례 | 지 | 만 | |

□ お疲れさまでした。
スゴハショッソヨ
수고하셨어요.
受苦

| 수 | 고 | 하 | 셨 | 어 | 요 | . |

□ よろしくお願いします。
チャル　ブタケヨ
잘 부탁해요.
付託

| 잘 | 부 | 탁 | 해 | 요 | . |

□ お体にお気をつけ
　ください。
モムヂョシマセヨ
몸조심하세요.
操心

| 몸 | 조 | 심 | 하 | 세 | 요 | . |

□ お食事されましたか？
シクサハショッソヨ
식사하셨어요?
食事

| 식 | 사 | 하 | 셨 | 어 | 요 | ? |

プラスα ▶ 挨拶代わりに使われる言葉で、実際に食事をしたかどうかを確認しているわけではありません。

気持ちを伝える 〉感情を表す形容詞〈

□ うれしいです
キッポヨ
기뻐요　原形　기쁘다 キップダ

| 기 | 뻐 | 요 | |

□ 楽しいです
チュルゴウォヨ
즐거워요　原形　즐겁다 チュルゴプタ

| 즐 | 거 | 워 | 요 |

□ おもしろいです
チェミイッソヨ
재미있어요　原形　재미있다 チェミイッタ

| 재 | 미 | 있 | 어 | 요 |

□ 幸せです
ヘンボケヨ
행복해요　原形　행복하다 ヘンボカダ
幸 福

| 행 | 복 | 해 | 요 |

□ 懐かしいです
クリウォヨ
그리워요　原形　그립다 クリプタ

| 그 | 리 | 워 | 요 |

□ 緊張します
キンヂャンドェヨ
긴장돼요　原形　긴장되다 キンヂャンドェダ
緊 張

| 긴 | 장 | 돼 | 요 |

□ 切ないです
エヂョレヨ
애절해요　原形　애절하다 エヂョラダ
哀 切

| 애 | 절 | 해 | 요 |

□ うらやましいです
プロウォヨ
부러워요　原形　부럽다 プロプタ

| 부 | 러 | 워 | 요 |

プラスα ▶つまらないです 시시해요 シシヘヨ　原形 시시하다 シシハダ

82

□ 残念です
アンデッソヨ
안됐어요 　原形 안되다　アンデダ

| 안 | 됐 | 어 | 요 |

□ 悔しいです
オグレヨ
억울해요 　原形 억울하다　オグラダ
　抑　鬱

| 억 | 울 | 해 | 요 |

□ 悲しいです
スルポヨ
슬퍼요 　原形 슬프다　スルプダ

| 슬 | 퍼 | 요 |

□ さびしいです
ウェロウォヨ
외로워요 　原形 외롭다　ウェロプタ

| 외 | 로 | 워 | 요 |

□ 心配です
コクチョンドェヨ
걱정돼요 　原形 걱정되다
コクチョンドェダ

| 걱 | 정 | 돼 | 요 |

□ 不安です
プラネヨ
불안해요 　原形 불안하다　プラナダ
　不　安

| 불 | 안 | 해 | 요 |

□ 恐ろしいです
トゥリョウォヨ
두려워요 　原形 두렵다　トゥリョプタ

| 두 | 려 | 워 | 요 |

□ かわいそうです
プルッサンヘヨ
불쌍해요 　原形 불쌍하다
プルッサンハダ

| 불 | 쌍 | 해 | 요 |

プラスα ▶恥ずかしいです　부끄러워요　プックロウォヨ　　原形　부끄럽다　プックロプタ

気持ちを伝える

>>> 気持ちを伝える　人を描写する形容詞

□ 親切です
친절해요
チンヂョレヨ
原形　친절하다　チンヂョラダ
親切

친	절	해	요

□ 優しいです
착해요
チャケヨ
原形　착하다　チャカダ

착	해	요

□ 穏やかです
온화해요
オナヘヨ
原形　온화하다　オナハダ
穏和

온	화	해	요

□ 明るいです
명랑해요
ミョンナンヘヨ
原形　명랑하다　ミョンナンハダ
明朗

명	랑	해	요

□ 活発です
활발해요
ファルバレヨ
原形　활발하다　ファルバラダ
活発

활	발	해	요

□ 純粋です
순수해요
スンスヘヨ
原形　순수하다　スンスハダ
純粋

순	수	해	요

□ 素直です
순진해요
スンヂネヨ
原形　순진하다　スンヂナダ
純真

순	진	해	요

□ 賢いです
똑똑해요
ットクットケヨ
原形　똑똑하다　ットクットカダ

똑	똑	해	요

プラスα ▶正直です　정직해요　チョンヂケヨ　原形　정직하다　チョンヂカダ

□ **真面目です**
ソンシレヨ
성실해요
`誠 実`
原形 성실하다　ソンシラダ

성	실	해	요

□ **謙虚です**
キョムソネヨ
겸손해요
`謙 遜`
原形 겸손하다　キョムソナダ

겸	손	해	요

□ **無口です**
クァムケヨ
과묵해요
`寡 黙`
原形 과묵하다　クァムカダ

과	묵	해	요

□ **せっかちです**
ソングペヨ
성급해요
`性 急`
原形 성급하다　ソングパダ

성	급	해	요

□ **けちです**
インセケヨ
인색해요
`吝 嗇`
原形 인색하다　インセカダ

인	색	해	요

□ **独特です**
トゥトゥケヨ
독특해요
`独 特`
原形 독특하다　トクトゥカダ

독	특	해	요

□ **若いです**
チョルモヨ
젊어요
原形 젊다　チョムタ

젊	어	요

□ **美人です**
イェッポヨ
예뻐요
原形 예쁘다　イェップダ

예	뻐	요

`プラスα` ▶美男です　잘생겼어요　チャルセンギョッソヨ　　原形　잘생기다　チャルセンギダ

85

>>> K-POP ライブ・コンサート

□ ライブ
ライブ
ライブ
live

| 라 | 이 | 브 | | | |

□ 前売り券
イェメクォン
예매권
予 売 券

| 예 | 매 | 권 | | | |

□ 公演
コンヨン
공연
公 演

| 공 | 연 | | |

□ 開演
ケヨン
개연
開 演

| 개 | 연 | | |

□ ステージ
ムデ
무대
舞 台

| 무 | 대 | | |

□ 全国ツアー
チョングクトゥオ
전국 투어
全 国 tour

| 전 | 국 | 투 | 어 | | | |

□ 1階席
イルチュンソク
일층석
一 層 席

| 일 | 층 | 석 | | | |

プラスα ▶2階席 이층석 イチュンソク ▶アリーナ席 그라운드석 クラウンドゥソク

86

□ダフ屋
アムピョサン
암표상
闇 票 商

암 표 상

□アンコール
エンコル
앵콜
encore

앵 콜

□拍手
パクス
박수
拍 手

박 수

□パンフレット
パムプルレッ
팜플렛
pamphlet

팜 플 렛

□ペンライト
ウンウォンボン
응원봉
応 援 棒

응 원 봉

□ロパク
リプシンク
립싱크
lip sync

립 싱 크

□ヒット曲
ヒトゥゴク
히트곡
hit 曲

히 트 곡

□新曲
シンゴク
신곡
新 曲

신 곡

☐ ファンミ
ペンミティン
팬미팅
(fanmeeting)

팬 미 팅

☐ 抽選
チュチョム
추첨
(抽　籤)

추 첨

☐ 人気
インキ
인기
(人　気)

인 기

☐ 声援
ソンウォン
성원
(声　援)

성 원

☐ 最高
チェゴ
최고
(最　高)

최 고

☐ ハイタッチ
ハイパイブ
하이파이브
(high five)

하 이 파 이 브

☐ ファンサービス
ペンソビス
팬서비스
(fan service)

팬 서 비 스

☐ サイン会
サイネ
사인회
(sign　会)

사 인 회

プラスα ▶握手会　악수회　アクスフェ

□ グッズ
クッチュ
굿즈
(goods)

굿 즈

□ うちわ
プチェ
부채

부 채

□ フォトタイム
ポトタイム
포토타임
(photo time)

포 토 타 임

□ ツーショット
トゥシャッ
투샷
(two shot)

투 샷

□ 撮影禁止
チャリョングムヂ
촬영 금지
(撮　影　禁　止)

촬 영 금 지

□ 活動中止
ファルトンヂュンヂ
활동 중지
(活　動　中　止)

활 동 중 지

□ 所属事務所
ソソクサ
소속사
(所　属　社)

소 속 사

□ 入隊
イプテ
입대
(入　隊)

입 대

□ ファンレター
ペンレト
팬레터
fan letter

팬 레 터

□ 手紙
ビョンヂ
편지
便 紙

편 지

□ 熱狂的なファン
コルスペン
골수팬
骨 髄 fan

골 수 팬

□ メンバー
メムボ
멤버
member

멤 버

□ 推し
チェエ
최애
最 愛

최 애

□ 活躍
ファリャク
활약
活 躍

활 약

□ カンバック
コムベク
컴백
come back

컴 백

□ (名前)へ
エゲ
(名前)에게

에 게

プラスα ▶ (名前)より ドリム トゥリム

□ 頑張れ
パイティン
파이팅
(fighting)

파이팅

□ 愛してます
サランヘヨ
사랑해요

사랑해요

□ 待ってます
キダリルケヨ
기다릴게요

기다릴게요

□ 応援してます
ウンウォネヨ
응원해요
(応 援)

응원해요

□ いつも
オンヂェナ
언제나

언제나

□ これからも
アプロド
앞으로도

앞으로도

□ 一生
ピョンセン
평생
(平 生)

평생

□ 笑顔
ミソ
미소
(微 笑)

미소

プラスα ▶尊敬　존경　チョンギョン　▶特別　특별　トゥクピョル

>>> ドラマ・映画 ドラマ

□ 演技
ヨンギ
연기
演 技

연 기

□ 脚本
カクポン
각본
脚 本

각 본

□ 出演
チュリョン
출연
出 演

출 연

□ 登場人物
トゥンヂャンインムル
등장 인물
登 場 人 物

등 장 인 물

□ ヒロイン
ヨヂュインゴン
여주인공
女 主 人 公

여 주 인 공

□ 主題歌
チュヂェガ
주제가
主 題 歌

주 제 가

□ ラブストーリー
ロブストリ
러브스토리
love story

러 브 스 토 리

□ 時代劇
サグク
사극
史 劇

사 극

プラスα ▶大河ドラマ 대하 드라마 テハドゥラマ ▶コメディ 코미디 コミディ

□ セリフ
テサ
대사
台詞

대사

□ ネタバレ
スポイルロ
스포일러
spoiler

스포일러

□ どんでん返し
パンヂョン
반전
反転

반전

□ 不治の病
プルチピョン
불치병
不治病

불치병

□ 記憶喪失
キオクサンシルチュン
기억 상실증
記憶喪失症

기억상실증

□ 視聴率
シチョンニュル
시청률
視聴率

시청률

□ 放映
パンヨン
방영
放映

방영

□ 動画配信
トンヨンサンヂェゴン
동영상 제공
動映像提供

동영상제공

93

□ 映画館
ヨンファグァン
영화관
映画館

영화관

□ 話題作
ファヂェヂャク
화제작
話題作

화제작

□ リメイク
リメイク
리메이크
remake

리메이크

□ 封切
ケボン
개봉
開封

개봉

□ 上映
サンヨン
상영
上映

상영

□ 予告編
イェゴピョン
예고편
予告編

예고편

□ 実話
シルァ
실화
実話

실화

□ ホラー
コンポヨンファ
공포 영화
恐怖映画

공포영화

プラスα ▶ファンタジー　판타지　パンタヂ　▶ドキュメンタリー　다큐멘터리　タキュメントリ

94

☐ 字幕
チャマク
자막
字　幕

자 막

☐ 吹き替え
トビン
더빙
dubbing

더 빙

☐ 声優
ソンウ
성우
声　優

성 우

☐ 舞台あいさつ
ムデインサ
무대 인사
舞　台　人　事

무 대 인 사

☐ 監督
カムドク
감독
監　督

감 독

☐ アカデミー賞
アカデミサン
아카데미상
Academy　賞

아 카 데 미 상

☐ レビュー
リビュ
리뷰
review

리 뷰

☐ 傑作
コルチャク
걸작
傑　作

걸 작

【著者】

木内 明 (きうち あきら)

東洋大学ライフデザイン学部教授。早稲田大学卒業、ソウル大学大学院修了。
主な著書に『基礎から学ぶ韓国語講座（初級）』（国書刊行会）、『１日10分で
わかる！話せる！韓国語スタートBOOK』（ナツメ社）、『７日でできる！韓国
語ゆる文法』（高橋書店）ほか多数。

【STAFF】
カバーデザイン／白畠かおり
本文デザイン／明昌堂　西巻直美
カバーイラスト／林なつこ
編集協力／円谷直子
校正／민소라（閔ソラ）

書いて覚える！
いちばんやさしい韓国語単語ノート
語彙力アップ編

2022年6月10日　第１刷発行

著　者／木内 明
発行者／永岡純一
発行所／**株式会社永岡書店**
　　　　〒176-8518　東京都練馬区豊玉上1-7-14
　　　　代表：03（3992）5155
　　　　編集：03（3992）7191
ＤＴＰ／明昌堂
印　刷／アート印刷社
製　本／ヤマナカ製本

ISBN978-4-522-43969-2　C2087